UN CONFIÉ LEADERSHIP

Le pouvoir et les règles de base pour le succès d'un leader

DANIEL PATRICK

droits d'auteur

Un leader confié :

Le pouvoir et les règles fondamentales du succès d'un leader

Copyright © 2021 par Daniel Patrick.

Message de l'auteur

Je suis très reconnaissant que ce livre soit entre vos mains. Mon espoir profond est qu'il serve magnifiquement la pleine expression de votre cœur et provoque une révolution de transformation héroïque avec votre créativité, votre productivité, votre prospérité et votre service au monde.

Un leadership confié est basé sur des règles que j'ai utilisées et que j'ai enseignées à de nombreuses personnes, qui ont fonctionné et fonctionnent toujours maintenant. Les règles sont des règles intemporelles vieillies pour réussir dans vos leaderships et vos affaires.

Savez-vous pourquoi beaucoup échouent dans leur leadership ? Voulez-vous être exceptionnel et devenir une icône dans votre leadership que les autres suivront, Rejoignez-moi pendant que vous lisez ce livre comme si votre vie en dépendait et apprenez, en suivant également en pratiquant les règles décrites dans ce livre. Une chose que je veux vous assurer, c'est que vous ne resterez jamais le même, votre leadership, vos affaires et votre vie en général. Chaque règle de ce livre suit l'autre, alors s'il vous plaît, il est bon d'aller règle après règle sans sauter une règle.

Encore une fois, les règles que vous trouvez correctes pour vous continuez à les appliquer, et le reste, vous pouvez abandonner. En direct étant donné que tous doivent donner dans l'écriture de ce livre pour vous et je remercie grandement toutes les très bonnes personnes du monde entier qui se sont tenues à côté d'écrire et de terminer ce livre Un leadership confié.

Merci et merci encore une fois et de même que vous lisez ce livre, je tiens à vous remercier d'avoir pris le temps d'acheter et de lire ce livre. Un grand merci.

Le cœur plein de joie et confiant, je vous dédie humblement cet ouvrage, mon lecteur. Le monde attend avec impatience et a besoin de plus de héros comme vous, pourquoi les attendre alors qu'en réalité vous avez tout ce qu'il faut pour en devenir un. Commencez maintenant.

Avec amour + respect
Daniel Patrick

Épigraphe

Un leader doit guider son peuple selon l'intégrité de son cœur et le guider dans la compréhension de ses mains.

CONTENU

Couverture
Titre de page
Message de l'auteur
Épigraphe

1. Règle n° 1 - Prendre ses responsabilités.
2. Règle n ° 2 - Vision Driven.
3. Règle n ° 3 - Le leader apprend.
4. Règle n ° 4 - Le leadership est l'esprit d'équipe.
5. Règle n° 5 - Le leadership est basé sur le mérite
6. Règle n° 6 - Le leadership n'est pas une comparaison.
7. Règle n ° 7 - Le leadership, c'est croire en les gens que vous dirigez.
8. Règle n° 8 - Stressant et émotionnellement exigeant.
9. Règle n ° 9 - Ce que vous donnez.
10. Règle n ° 10 - Sens du timing et du rythme.

- Quelle est la prochaine étape de votre aventure héroïque ?
- Alimentez votre ascension en lisant tous les livres de Daniel Patrick.
- A propos de l'auteur.

RÈGLE UN

PRENDRE LA RESPONSABILITÉ

Une grande partie du leadership consiste à prendre des responsabilités. Nous passons par le leadership ou l'apprentissage des gens qui essaient de responsabiliser les autres et quand ils ne le font pas, nous essayons soit de les leur imposer, soit de les prendre pour des rebelles.

La responsabilité est l'état ou le fait d'avoir le devoir de s'occuper de quelque chose ou d'avoir le contrôle sur quelqu'un. C'est aussi l'état ou le fait d'être responsable ou de blâmer pour quelque chose. Maintenant, ce sont des définitions du dictionnaire, mais parfois la définition donnée à un sujet particulier peut différer en raison de l'objectif qu'il sert. Du point de vue du leadership, permettez-moi de définir la responsabilité. Veuillez noter que la définition dans le dictionnaire n'est jamais fausse et peut être acceptée, pour notre sujet, la responsabilité a une définition différente selon le leadership.

La responsabilité dans le leadership peut être définie comme la prise de décisions durables, qui prendront en compte l'intérêt de tous, y compris les actionnaires, les employés, les clients, les fournisseurs, la communauté, l'environnement et les générations futures. Les décisions prises sont orientées vers l'intérêt des autres et non de soi. Le leadership n'est pas personnel mais pour les autres. Le mot hébreu pour responsabilité est « achrayut » autre ». Nous sommes chargés d'utiliser notre liberté qui nous est donnée pour faire du monde ce qu'il devrait être. Une question qui doit être posée est, dans le leadership, quelle voix écoutons-nous ? mis de cette façon, qui écoutons-nous? Est-ce le désir, la colère ou Dieu.

Par exemple, voyons cet exemple d'un homme appelé Moïse. Il a grandi, va vers son peuple, les Israélites, et les voit souffrir, faire du travail d'esclave. Il a également vu un officier égyptien battre l'un d'eux. Le texte dit : « Il regarda par ci et par là et ne vit personne », de nombreux philosophes et savants concluraient que probablement l'endroit était clos ou que personne n'a pu venir intervenir.

Probablement en disant que les Israélites étaient les esclaves des Égyptiens et qu'ils n'avaient pas besoin de venir les sauver, mais ce que je veux que nous voyions dans cette histoire, c'est la responsabilité. Moïse a agi (responsabilité) et c'est ce qui fait un leader. Un leader est celui qui prend ses responsabilités. Le leadership naît lorsque nous devenons actifs et non massifs. Nous attendons parfois que quelqu'un d'autre agisse parce qu'il n'y a peut-être personne d'autre. Beaucoup de gens là-bas détournent les yeux lorsque de mauvaises choses se produisent, même lorsqu'ils sont en mesure de les arrêter. Ce n'est pas du leadership. Il y a trois catégories de personnes que j'ai vues et ce sont celles qui attendent que les autres agissent, celles qui accusent les autres de ne pas agir et celles qui agissent. La troisième catégorie est celle que nous appelons les leaders, ils sont très prêts à faire la différence au cours de leur vie et à faire du monde un meilleur endroit où vivre.

Nous voyons aujourd'hui que beaucoup de ceux que nous appelons leaders sont basés sur des acceptations. Qu'est-ce que je veux dire par acceptation, quand ils voient que les choses vont mal, ils secouent simplement leurs épaules et acceptent la situation comme le chemin de la société, un vrai leader assume ses responsabilités même quand personne n'est là pour le voir, ni applaudir lui elle. La prise de décision est un rôle essentiel dans la prise de responsabilité et nous allons l'approfondir, bien comprendre, car quand on parle de prise de décision cela implique beaucoup de choses et rappelons-le, cela doit être dans l'intérêt de tous quant à notre définition de la responsabilité.

LA PRISE DE DÉCISION

Je veux que vous remarquiez que le leadership n'est pas une question de position mais d'action. Lorsque nous parlons de prise de décision dans le leadership, il y a des sens différents mais tous pointant vers un domaine particulier et c'est-à-dire au profit des autres.

La prise de décision consiste à utiliser des processus efficaces pour prendre des décisions. C'est aussi créer de la clarté à partir de l'ambiguïté. Cela signifie également prendre des risques et des opportunités pour s'engager à atteindre un objectif.

On peut aussi dire que la prise de décision est la formation d'un jugement sur une question à l'étude. Il exprime la qualité d'être ferme ou positif dans ses actions. Revenons à l'histoire de l'homme Moïse, il est témoin d'un Égyptien. Oui, le meurtre de quelqu'un est mauvais, mais ici, il y a quelque chose que je veux utiliser et c'est qu'il conclut rapidement sur un jugement sur cette question en cours d'examen et était en train d'atteindre un objectif. Vous pourriez demander quel est le but? Le but est de sauver et de protéger les siens, encore une fois c'est d'arrêter l'injustice envers les autres. Si vous allez plus loin dans l'histoire de Moïse, vous verrez où il essayait d'admonester deux Israélites qui se combattaient. Comme ils ne comprennent pas ce qu'il a fait pour eux la veille, ils ont décidé de le défier et de lui demander, qui exige qu'il soit juge sur eux, qu'ils savent ce qu'il a fait la veille et veut-il le leur faire aussi. Maintenant, dans le leadership, il doit y avoir des oppositions parce que tout le monde ne comprend pas ce que vous faites et quand vous partez, même si votre leadership doit être très clair. Les décisions peuvent parfois sembler déroutantes et peuvent signifier du mal, mais lorsqu'elles sont prises dans l'intérêt des autres, c'est un grand avantage et une question comme celle-ci se posera, pourquoi la prise de décision est-elle importante. Voyons les définitions de la prise de décision de certains auteurs avant de savoir pourquoi la prise de décision est importante. Les décisions peuvent parfois sembler déroutantes et peuvent signifier du mal, mais lorsqu'elles sont prises dans l'intérêt des autres, c'est un grand avantage et une question comme celle-ci se posera, pourquoi la prise de décision est-elle importante. Voyons les définitions de la prise de décision de certains auteurs avant de savoir pourquoi la prise de décision est importante. Les décisions peuvent parfois sembler déroutantes et peuvent signifier du mal, mais lorsqu'elles sont prises dans l'intérêt des autres, c'est un grand avantage et une question comme celle-ci se posera, pourquoi la prise de décision est-elle importante. Voyons les définitions de la prise de décision de certains auteurs avant de savoir pourquoi la prise de décision est importante.

De George R. Terry « La prise de décision est la sélection, basée sur certains critères parmi deux ou plusieurs alternatives possibles ».

De JL Massie « La prise de décision peut être définie comme un plan d'action choisi consciemment parmi les alternatives disponibles dans le but d'obtenir les résultats souhaités !

En regardant ces définitions, nous pouvons conclure à nouveau que la prise de décision est un plan d'action pour résoudre des problèmes qui profite aux autres.

Pourquoi la prise de décision est-elle si importante dans le leadership. Vous devez vous rappeler que la prise de décision est l'épine dorsale de tout leadership, car elle aide dans différents domaines que nous allons voir maintenant ;

- Cela aide à atteindre les objectifs : la prise de décision aide à atteindre les objectifs pour l'amélioration du leadership en recherchant les alternatives de rythme et en les utilisant correctement au profit des autres.
- Cela aide à utiliser correctement les ressources: La prise de décision ou la bonne décision aide à utiliser correctement toutes les ressources sans péremption ou gaspillage dans un environnement, une communauté, une entreprise, etc.
- C'est un élément indispensable : le succès de chaque leadership réside dans la prise de décision et sans prendre la bonne décision au bon moment, rien ne peut être accompli selon le plan.
- Cela aide à choisir la meilleure alternative : une chose que nous devons savoir, c'est qu'un problème peut avoir plusieurs solutions. Mais le décideur le conduit à sélectionner la meilleure alternative parmi d'autres, en les analysant une à une à l'aide de diverses techniques.
- Cela aide à évaluer les performances : une bonne ou une bonne décision aide à évaluer les performances d'un leader et de son équipe ou de son cabinet et la qualité ou le succès d'un leader dépend en grande partie des bonnes décisions qu'il prend pour les autres.

Nous avons vu les raisons pour lesquelles la prise de décision est importante dans le leadership et je veux que vous sachiez qu'il y a trois croyances dans le leadership qui sont : nous sommes libres, nous sommes responsables et ensemble nous pouvons changer le monde.

Le leadership n'est pas une question de position mais de responsabilité.

RESPONSABILITÉ ET RESPONSABILITÉ

Vous vous demandez peut-être qu'est-ce que l'imputabilité a à voir avec la responsabilité. Oui ces deux pires semblent similaires mais en réalité ils sont différents et je pense qu'il est bon que nous comprenions les différences, afin de ne pas faire d'erreurs dans notre leadership. Par exemple, nous voyons aujourd'hui dans notre société où les dirigeants actuels accusent des dirigeants anciens ou passés de négligence et d'autres facteurs et les grandes questions courantes se posent, qui était responsable ? Qui doit être tenu responsable ?. Bien que, comme je l'ai dit, le mot responsabilité et imputabilité semble similaire et en fait, il est utilisé de manière interchangeable sans une bonne compréhension. Il est impératif que les dirigeants comprennent la différence entre l'imputabilité et la responsabilité s'ils veulent vraiment aller de l'avant dans leur leadership. Notez que ces deux termes fonctionnent ensemble et doivent donc être utilisés pour un leadership efficace. Je vais utiliser un format de graphique pour les différencier tous les deux.

Responsabilité	Responsabilité
Peut être partagé	Spécifique à un individu
Axée sur les tâches	Résultats après avoir pris la tâche
Axé sur les rôles définis, les descriptions de poste et les processus qui doivent être en place pour atteindre un objectif	S'engager à mener à bien les tâches assignées

Nous avons vu une nette différence dans les deux et rapidement qu'est-ce que la responsabilité ?

La responsabilité est l'une des exigences d'un leader efficace sur le lieu de travail. Il s'approprie pour s'assurer que les responsabilités sont remplies comme prévu. La responsabilisation est également un moyen de renforcer la confiance entre les gens. La vraie responsabilité conduit à une vie sage, c'est aussi l'humilité ou l'humilité. Notez que la responsabilité ne concerne pas ce que vous ne faites pas. Si vous lisez très bien les Écritures, vous verrez où Moïse a reçu une déclaration détaillée de responsabilité sur la façon de construire le Temple et à la fin, Moïse a été obligé de donner

également un compte rendu détaillé de la tâche qui lui avait été confiée. Cela a fait de Moïse un grand leader et digne du peuple.
 Pour plus de clarté, la responsabilité fait référence à la communication d'informations et d'explications qualitatives et quantitatives concernant la responsabilité d'accomplir une certaine fonction ou tâche.
 Voyons les défis de la responsabilité dans le leadership.

LES DÉFIS

 N'oubliez pas que la responsabilité dans le leadership n'est pas aussi simple que de se soucier de tout le monde - il y a beaucoup de défis auxquels vous devriez faire face en tant que leader.
L'un des défis est que tout le monde autour de vous demandera des choses différentes, probablement chaque groupe ayant des préoccupations et des besoins uniques et en tant que leader, vous devrez prendre une décision difficile qui ne plaira à personne, mais à son avantage. Vous souvenez-vous de l'histoire de Moïse, des Égyptiens et des Israélites, et comment Moïse a tué l'Égyptien pour sauver les Israélites, c'était une décision difficile, mais c'était à l'avantage des Israélites. Le lendemain, deux Israélites se battaient et son intervention pour les arrêter et leur rappeler également qu'ils sont frères était un détour pour signifier qu'ils leur faisaient du mal. C'était un grand défi pour Moïse qui l'a fait fuir au loin. Vous attendez peut-être avec impatience d'entendre une solution à cela, et la seule réponse ou solution que je puisse donner est de se débarrasser de la critique et de continuer là où vous vous êtes arrêté. Chaque grand leader est toujours mal compris et c'est donc toujours une attitude des humains de connaître leur prochain niveau et une fois qu'ils ne sont pas conscients de la prochaine étape, ils ont tendance à critiquer chaque mouvement, alors en tant que leader continue et a un impact éternel et n'oubliez pas que c'est dans l'intérêt de tous dans votre groupe et de la société en général. Je crois totalement que ce que Moïse a fait à cet Égyptien a réduit le taux de maltraitance des Israélites.
Un autre défi qui se produit émerge toujours de l'extérieur de votre groupe immédiat, de votre entreprise. Cela peut être économique, politique, social et la décision que le leader prendra sera ce qui

soutiendra son leadership et les personnes qu'il dirige. Parfois, à ce stade, tout ou trouver un équilibre devient si difficile et en tant que leader, vous devez tenir compte des opinions de ceux qui vous entourent. Ce sont les deux défis majeurs que vous verrez dans la responsabilité.

Je veux terminer ce chapitre avec ce dont vous avez besoin pour assumer la responsabilité de votre leadership.

CE QUE VOUS AVEZ BESOIN POUR PRENDRE LA RESPONSABILITÉ

Chaque être humain est un leader dans un domaine, donc pour que vous deveniez un bon leader et que vous preniez les bonnes décisions, vous devez d'abord évaluer les types de questions qui vous seront posées concernant la façon dont votre leadership dans une organisation, une entreprise et une société fonctionne. . Notez qu'il existe des obstacles à la prise de responsabilité et si vous pouvez les identifier, vous aurez de bonnes chances d'apporter des changements positifs.

Voyons certaines de ces questions, rappelez-vous que l'homme Moïse que nous avons utilisé dans ce livre, va être notre point d'ancrage lorsque nous voyons ces questions ;

- Les gens ont commencé à poser cette question quand Moïse les a fait sortir d'Égypte et la question était; cette opération et cette activité sont-elles durables ? Ils se souviennent du délicieux repas qu'ils ont toujours eu, et cela incite à se poser cette question de durabilité. Oui, cette question se posera toujours dans votre leadership et les gens continueront à demander s'ils se dirigent vers l'échec ou le succès.

- Un autre qu'ils ont demandé à Moïse était celui de leur avenir et de leur gagne-pain et c'est pourquoi lorsque Moïse est allé au sommet de la montagne et qu'ils ne pouvaient plus attendre, ils ont décidé de suivre leur propre chemin en modelant un veau comme leur chef et en louant le veau en fusion. pour les soutenir et leur sécurité de demain. Sous votre leadership, cette question particulière se posera sûrement et s'ils voient que leur avenir et leur vie sont assurés, ils se sentent rassurés mais ce n'est pas clair pour eux, ils chercheront sûrement d'autres alternatives ailleurs. Dans le prochain chapitre, nous allons discuter de la vision et donc cette question sera correctement expliquée.

Bien qu'il y ait d'autres questions comme; questionner la source de vos informations, pourquoi la vision ou le parcours est-il à long terme, pourquoi les obstacles en cours de route puisque votre leadership est à notre avantage. Mais nous venons d'examiner les deux principaux.

Passons aux responsabilités dont vous avez besoin et s'il vous plaît, ne sous-estimez pas le pouvoir et la valeur des points que je vais vous donner. Ce sont des points clés dont vous avez besoin en tant que leader pour être bon et efficace, chaque leader réussi que je connais aujourd'hui et dans le passé possède ces traits de personnalité. Elles sont;

- Intégrité.
- Respectueux.
- Ouverture.
- Empathie.
- Sert les autres.
- Honnête.
- Perspective à long terme.

Ces traits de personnalité que nous venons de mentionner ont aidé de nombreux leaders à être exceptionnels et efficaces. Ils sont ce dont vous avez besoin pour assumer vos responsabilités et sans eux, votre responsabilité aura un impact négatif. Quelques notes sur chacun des points.

- Intégrité : c'est simplement dire la vérité même lorsque la vérité fait mal ou est laide, c'est le trait de leadership le plus essentiel. Vous acceptez votre faute, vous défendez la vérité même lorsqu'elle est contre vous. Donc, l'intégrité signifie faire la bonne chose parce que c'est la bonne chose à faire.
- Honnêteté : lorsque vous développez la confiance en vos abonnés et en votre légitimité, cette capacité est basée sur ce qu'on appelle l'honnêteté. L'honnêteté et l'intégrité restent au cœur du leadership.

- Respect : Vous devez apprendre à vous respecter et à respecter les autres.
- Servir les autres : C'est l'une des difficultés que nous voyons aujourd'hui chez les dirigeants, ils ont peur d'être pris pour acquis lorsqu'ils servent les autres. Ils ont toujours l'idée que le groupe ou les personnes qu'il/elle dirige vont se moquer d'eux, mais c'est un gros mensonge. Souvenez-vous de l'histoire de Moïse qui est notre point d'ancrage dans ce livre, il a servi le peuple et ils l'ont également respecté.
- Ouverture : Cela signifie simplement être transparent et ouvert à tout. Savez-vous que l'ouverture aide à accéder à beaucoup de choses dans la vie et à élargir votre vision et votre portée.
- Perspective à long terme : Chaque vision ou leadership qui est à court terme ou de courte durée s'effondre toujours, cela doit être un objectif à long terme et doit également avoir un processus.
- Empathie : C'est la compréhension des besoins des autres, être conscient de leurs sentiments et de leur pensée. C'est la compétence du leader et cela peut faire une grande différence en matière de leadership.

Nous pouvons voir avec la définition de chaque trait de personnalité mentionné ci-dessus, que la responsabilité aura une bonne place dans votre leadership. La responsabilité est la règle numéro un pour réussir dans le leadership comme dans les affaires.

RÈGLE DEUX
VISÉE PAR LA VISION

Le mot « vision » a été mal interprété comme signifiant complètement autre chose. Un proverbe japonais dit « La vision sans action est un rêve éveillé. L'action sans vision est un cauchemar », je veux que nous regardions à nouveau l'homme Moïse, c'était un homme qui avait une vision de délivrer les enfants d'Israël d'Égypte, bien que la vision lui ait pris plusieurs années à accomplir.

Maintenant, quel est le mot vision ? Est-ce un rêve éveillé ou un cauchemar selon ce proverbe japonais. Alors qu'est-ce que c'est ?

La vision peut être définie comme une image dans l'imagination d'un leader qui le motive à conduire les gens à l'action lorsqu'elle est communiquée correctement, passionnément et clairement. Vous devez savoir que tout bon leader doit avoir une vision très claire de l'avenir de l'organisation, de la société, de l'entreprise ou de l'endroit où il se dirige en tant que leader. Et cette vision motivera les gens à agir avec passion et détermination, ce qui obligera tout le monde à travailler vers un objectif particulier. Je veux dire que la vision est le futur présenté dans le présent. Cela signifie que la vision est le produit final à voir dans le futur qui doit être analysé dans le présent. C'est là qu'intervient le processus.

Selon le satiriste Jonathan Swift « La vision est un art de voir ce qui est invisible pour les autres ». La vision n'est pas de voir ce que tout le monde peut voir mais ce que tout le monde ne peut pas voir et c'est toujours un accomplissement futuriste. Pour en revenir à notre ancre dans ce livre appelé Moïse, c'était un homme avec une vision pour délivrer les Israélites d'Égypte, mais les Israélites n'ont jamais vu ce qu'il a vu ou entendu et c'était l'une de leurs raisons de se plaindre et de comportements négatifs. Moïse les accompagnait tout au long du processus, mais ils ne s'en sont jamais rendu compte. En tant que leader, vous devez avoir une vision tangible pour amener votre entreprise, votre organisation à une plus grande hauteur et réussir et durer. Une chose que les humains oublient si facilement, c'est que Dieu a une vision tracée pour la terre et les humains qui s'y trouvent,

Une vision doit être claire et lisible, pas complexe. Je veux comprendre ici que ce que j'entends par vision est la valeur fondamentale de cette entreprise, ministère, entreprise et gouvernement dans lequel vous vous trouvez. Le processus est ce que nous appelons la mission - comment vous et votre équipe allez y arriver. Les milliardaires et les personnes qui ont eu un impact et qui ont encore un impact dans différents domaines de la vie sont motivés par la vision ou vous pouvez l'appeler valeur fondamentale. Notez que la vision consiste à saisir un concept de ce que les yeux ordinaires ne peuvent pas voir, tout leader qui ne voit pas ou ne cultive pas voir au-delà de ce qu'il a vu n'est pas prêt pour le leadership et pour avoir un grand impact et sûrement cette personne échouera à la fin.

Permettez-moi de nous donner un exemple simple qui expliquera mon point de vue sur ce qu'est la vision, une ampoule brillante à une distance de, disons, un mile ne peut pas être vu par beaucoup ou par un œil ordinaire, sauf ceux qui prennent leur temps pour regarder attentivement, en se concentrant avec un positionnement correct, alors ils peuvent voir cette ampoule brillante. N'oubliez pas qu'il faut beaucoup de travail pour le faire et qu'il faut aussi être seul sans être distrait. Lorsque la personne est capable de saisir le concept de cette ampoule brillante, cela s'appelle alors une vision. Beaucoup pourraient le voir comme une personne folle, mais en réalité, il sait ce qui l'attend, et pour qu'il atteigne cette valeur fondamentale ou cette vision, il doit marcher dans la direction de cette ampoule brillante et c'est ce qu'on appelle processus ou mission. Pendant ce temps de processus, beaucoup se moqueront de vous et vous insulteront et des conseils différents de la part des gens apparaîtront, du découragement, etc. Mais dans tout cela, il y a un critère sur lequel je veux que vous restiez ferme et qui s'appelle la concentration. Parfois, ce sera difficile pour vous, surtout lorsque vous êtes seul et sans encouragement, mais tenez bon et continuez à avancer et n'abandonnez jamais.

Il y a une autre chose que chaque leader doit faire pour réussir et c'est de les surprendre avec le niveau suivant. J'enseignais quelque part en Afrique et j'ai dit que les humains veulent naturellement toujours connaître leur prochain mouvement non pas pour préparer surtout ceux qui ne sont pas vraiment mûrs dans le raisonnement mais pour le contrer et le transformer à leur convenance. Avez-vous lu que les trésors sont cachés dans les ténèbres et vous êtes-vous demandé pourquoi il en est ainsi, c'est simplement ce que je viens d'expliquer et c'est pourquoi même le dessein de Dieu concernant nos vies vient étape par étape, précepte par précepte, ligne par ligne. Votre vision en tant que leader doit inspirer et motiver et non dicter, il est bon que ceux qui dirigent déterminent les méthodes et les tactiques pour réaliser la vision. La vision imprègne le lieu de travail et se manifeste dans les actions, les croyances, les valeurs et les objectifs de votre leadership et cela doit affecter ceux que vous dirigez, de même ceux qui veulent partager votre vision doivent s'engager à vivre l'ensemble des actions, croyances, valeurs et objectifs que la vision manifeste. Notez que partager votre vision avec les autres, les motiver et les inspirer à agir est le secret d'une vision de leadership réussie.

Voyons quelques fondamentaux dans une vision de leadership ;

- Il inspire l'enthousiasme, la conviction, l'engagement et l'enthousiasme parmi ceux que vous dirigez.
- Cela les aide à croire qu'ils font partie de quelque chose de plus grand qu'eux-mêmes et leurs tâches quotidiennes.
- Il ouvre une atmosphère de communication et de partage régulièrement.
- Cela les met au défi de se surpasser, de s'étirer et d'atteindre un niveau supérieur.

- C'est la raison pour laquelle le plan d'action est choisi, les personnes sont embauchées, les marchés sont sélectionnés et les produits sont développés.
- Elle inspire loyauté et sollicitude par l'implication de chacun.
- Il définit clairement l'orientation et le but de l'organisation.
- Il affiche et reflète la force, la culture, les valeurs, les convictions et la direction uniques de la direction.

Chaque leader façonne, interprète, communique et représente toujours la vision. Il faut du travail acharné et de l'engagement dans tout. Lorsqu'une vision existe constamment, elle rend le leadership progressif même dans les moments difficiles.

Avant de nous donner les trois grands domaines qui aident une vision à s'actualiser, voyons aussi ce que doit être une vision. Une vision doit être ;

- Rationnel : Cela signifie que votre vision doit être logiquement saine, non contradictoire ou absurde.
- Raisonnable : Ni excessif ni immodéré, dans les limites voulues et convenables.
- Crédible : crédible, authentique et convaincant.
- Clair : vif et droit.
- Réfléchissant : La vision doit être telle qu'elle fasse réfléchir tout le monde sur les actions, les croyances, les valeurs et les objectifs fixés.
- Innovant : La vision doit être caractérisée par la création d'idées nouvelles et tournées vers l'avenir.
- Difficile : La vision doit inciter tout le monde à travailler non pas en compétition mais en motivant.
- Concret : Particulier, spécifique, réel, actuel et tangible.

On peut voir avec ces quelques points les différentes racines d'une vision.

Voyons maintenant les trois domaines principaux qui peuvent aider à actualiser une vision ;

- Disciple : Le mot disciple ici est tiré du mot latin "discipulus" qui signifie étudiant et est dérivé de la racine du mot "discere" qui signifie apprendre. Le mot discipulat représente un mot grec qui est « mathetes » qui signifie celui qui s'engage dans l'apprentissage par l'instruction d'un autre.

  Pour qu'une vision soit réalisée, le discipulat doit être pris au sérieux et seuls les disciples font mieux. Il y a un dicton qui dit que deux capitaines ne peuvent pas naviguer sur un bateau en même temps, de même dans votre organisation, votre entreprise ou quoi que ce soit d'autre, il doit y avoir un leader et ceux qui suivent le leader dans différents domaines. Je le dis de cette façon que tout le monde est un disciple [apprenant], et c'est seulement avec l'esprit d'apprentissage qu'une vision peut être actualisée. La vision est facilement détruite lorsque tout le monde est un patron et n'oubliez pas que ce que vous obtenez de ce livre sont aussi les lois du succès.

- Intendance : Vous serez peut-être surpris de ce que le mot gérance fait ici, oui, c'est l'un des domaines les plus importants du leadership et de la vie en général. L'intendance est l'utilisation responsable et prudente des ressources. Lorsque les ressources ne sont pas correctement gérées, votre vision sera détruite et cela causera également de la frustration à la personne. Les ressources, les idées doivent être utilisées avec soin et de manière responsable pour actualiser la vision et aussi au profit des autres.

- Prévoyance : Chaque vision a une gloire cachée et n'est pas toujours vue par l'œil naturel. La prospective, c'est voir en avant le présent dans l'avenir et chaque leader doit l'avoir. Ce mot prévoyance signifie deux mots ; Avant-avant, Vue-perçoit. La prévoyance consiste à percevoir ce qui nous attend avant qu'ils n'arrivent réellement et elle raconte le résultat de cette vision.

J'adorerai terminer ce chapitre sur ce qui fait un énoncé de vision fort et ils le sont ; But, valeurs, passion et croyance. Une brève explication sur chacun d'eux.

- Objectif : La raison d'être de tout ce que vous faites en tant que leader et l'objectif donnent un sens à une vision.
- Valeurs : Les principes ou les normes qui guident la vision.
- Passion : Le désir puissant et irrésistible de la vision.
- Croyance : La conviction forte et inébranlable concernant la vision.

RÈGLE TROIS

LES DIRIGEANTS APPRENNENT

Je veux toujours définir chaque mot, eh bien, c'est une norme pour moi et je pense que cela m'aide à comprendre mon esprit, moi et les autres. Le leadership est un sujet très profond et élaboré qui nécessite une explication minutieuse. Les dirigeants apprennent et qu'est-ce que cela signifie, j'ai lu un article qui dit "faites un million d'erreurs mais apprenez de chaque erreur", je sais que beaucoup ont peur de faire des erreurs et en fait, avec cette peur, ils font beaucoup d'erreurs et ne s'en sortent jamais. eux parfois. Ainsi, le mot leader apprendre est simplement que les bons et les grands leaders sont des personnes qui apprennent de leurs erreurs et sont également des personnes qui veulent toujours apprendre, savez-vous que croire en votre sagesse en tant que leader est une folie absolue et aboutit également à un échec total.

L'une des plus grandes erreurs des hommes d'autrefois était le fait qu'ils n'apprennent pas de leurs erreurs, bien que certains aient appris mais d'autres n'apprennent jamais et qu'ils se sont retrouvés de différentes manières et n'ont pas non plus rempli leur objectif. Au fur et à mesure que nous avancerons dans ce chapitre, nous verrons deux éléments majeurs qui aident les dirigeants à apprendre et à atteindre la grandeur. Un leader doit apprendre à lire des livres, suivre des formations ou des séminaires, avoir un mentor, et un leader doit constamment travailler pour affiner l'art, développant également la capacité d'être basé sur le présent et axé sur l'avenir. Un grand leadership précède un grand suiveur.

Maintenant, quels sont les deux principaux éléments qui peuvent aider un leader à apprendre et à gravir les échelons ?

- L'humilité : je sais et j'ai vu de même entendre quand les gens disent ou sentent que l'humilité, c'est quand on met des vêtements bon marché, qu'on s'habille d'une certaine manière et qu'on parle d'une certaine manière. L'humilité n'est pas un vêtement mais un caractère et ce n'est pas en se faisant bon marché, ma définition du mot humilité est une qualité personnelle dans laquelle un individu montre une attitude de dépendance. La question se posera qu'à quoi ou à qui un individu devrait montrer une dépendance, la dépendance doit être montrée à Dieu et à ses semblables. Maintenant, vous pourriez dire qu'il n'est pas bon de dépendre de l'homme et c'est la vérité, mais en tant que leader, vous ne pouvez pas tout faire, vous avez donc besoin d'une équipe et vous comptez sur elle pour l'accomplissement de toute tâche dans laquelle vous êtes tous impliqués.

  On peut aussi dire que l'humilité est une modeste estimation de sa propre valeur, quand on se considère plus important que les autres, on n'est pas humble peu importe le calme de son discours et j'appelle ça de l'orgueil déguisé. Un leader qui veut réellement apprendre doit se considérer lui-même et les autres de la même manière. Lorsque vous, en tant que leader, n'êtes pas sûr de quelque chose, ne l'utilisez pas pour punir les autres, mais attirez plutôt leur attention sur cette chose et apprenez également de leur propre point de vue ou explication.

- Pardon : Cela peut sembler affreux de voir cela comme l'un des principaux éléments pour aider les dirigeants à apprendre, mais le pardon est le fondement de la grandeur. Le pardon, c'est faire preuve de miséricorde et de compassion envers quelqu'un et oublier les torts ou l'offense, en tant que leader, si vous ne savez pas comment pardonner aux autres et même à vous-même, vous serez retardé dans la croissance et n'obtiendrez jamais une certaine hauteur dans la vie et vos efforts. Pardonner aux autres et à vous-même vous aide à apprendre et à vous ouvrir à la grandeur, mais lorsque vous ne pardonnez pas, vous n'apprendrez jamais des erreurs des autres.

Ces deux composants sont très essentiels pour un grand leader et aident également à atteindre la grandeur dans tous les domaines. Voyons un exemple d'un grand homme qui a vécu sur cette terre et son nom s'appelle Jésus, en son temps, il était un homme juif, il avait douze disciples, il les a marqués avec un grand potentiel de leadership, il a tellement de pouvoir et d'autorité mais dans tous il était très humble et pardonne toujours les torts de son disciple et même des autres et aujourd'hui même à son départ de la terre, il est toujours très respecté et honoré et tout le monde veut suivre ses traces. Apprenez de vos erreurs en tant que leader et pas seulement de vos propres erreurs, mais ayez toujours l'esprit d'apprendre et d'apprendre. N'oubliez pas qu'un apprenant est un grand leader.

RÈGLE QUATRE

LE LEADERSHIP EST L'ESPRIT D'ÉQUIPE

Aucun leader n'est une île et personne ne peut diriger seul. Il y a des animaux et des oiseaux qui présentent la qualité d'un bon leadership et pour n'en citer que quelques-uns, le lion en tant qu'animal et l'aigle en tant qu'oiseau. Les principes de leadership du lion sont exposés en groupe, vous ne voyez pas les lions se déplacer seuls mais généralement en groupe et chaque fois qu'un lion est seul, vous voyez à peine les qualités de leadership de ce lion, j'ai noté une idée profonde du lion dans l'un de mes livre intitulé "faire de l'impact". L'aigle a également une qualité de leadership exceptionnelle qui est la même que le lion et qui a été en groupe, en regardant ces deux exemples, nous pouvons voir que le leadership est le travail d'une équipe travaillant ensemble et non divisée. Ces deux exemples qui sont donnés du lion et de l'aigle,

En tant que leader qui veut être grand et avoir un impact, vous devez être prêt à travailler avec votre équipe comme un seul corps et non divisé, voyons ce que l'esprit d'équipe peut faire au leadership et rappelez-vous qu'un leader qui réussit est un homme ou une personne d'équipe et toujours considérer son équipe comme des personnes importantes mais quelqu'un qui n'aura jamais d'impact, se considérera comme un seigneur et prendra l'équipe comme esclave et cela aboutira toujours à un échec dans le leadership.

L'esprit d'équipe aide à :

- Productivité croissante : Un homme ne peut pas être à la fois le chef et le personnel en faisant tout par lui-même dans une organisation. L'esprit d'équipe entraîne une augmentation de la productivité d'une organisation et contribue également à faire fonctionner les choses bien et plus rapidement. Prenez, par exemple, une organisation qui veut influencer ou avoir un impact dans le monde avec ses valeurs fondamentales, l'homme défini qui est le leader ne peut pas être dans la publicité, les médias, la main-d'œuvre, etc. mais doit sûrement affecter des personnes à ces postes. pour produire de meilleurs résultats, encore une fois, un leader peut ou ne peut pas avoir toutes les idées, mais avec l'équipe partageant des idées ensemble, ils peuvent produire d'excellents et meilleurs résultats.

- Prise de décision facile : L'esprit d'équipe aide beaucoup dans ce domaine où tout le monde connaissant la valeur fondamentale ou l'objectif de l'organisation se réunira pour partager ses propres idées, opinions pour la réussite de l'objectif de cette organisation. Cela aide également le leader à bien couler et à prendre de bonnes décisions standard.

- Collaboration croissante : Le travail d'équipe aide à former une collaboration et une participation solides entre le leader et l'équipe. Cela crée l'unité et la détermination entre le leader et l'équipe, vous les voyez aussi là-bas pour se défendre les uns les autres.

- Augmenter la motivation : Il encourage tout le monde à être motivé et à vouloir toujours voir au succès de l'organisation.

- Meilleure compréhension du but : Croyez-vous que lorsque vous dirigez un style de leadership à un seul homme, personne ne comprendra votre but et il sera très difficile de travailler avec vous. Ainsi, le but de toute organisation est mieux compris dans l'esprit d'équipe.

- Augmenter la bonne communication : L'esprit d'équipe aide à créer une atmosphère de bonne communication et de bonnes relations. Lorsque vous êtes seul, vous ne pouvez pas avoir de bonnes compétences en communication et vous serez également en défaut dans votre relation avec les autres. Un exemple pour expliquer ce point particulier est que, lorsque deux pierres brutes qui acceptent de se frotter l'une contre l'autre se rencontrent et se frottent l'une contre l'autre, vous verrez au bout d'un certain temps qu'elles deviennent lisses et produisent de la chaleur et des étincelles qui peuvent servir à allumer le feu. C'est la même chose avec nous, les humains, que lorsque nous sommes d'accord ensemble et avons une bonne communication et une bonne relation les uns avec les autres, cela aboutit à aider et à devenir parfait dans la mesure où nous sommes remarqués par les autres autour de nous. Il est dit que ta lumière brille devant les hommes afin qu'ils glorifient ton père céleste.

- Augmenter la confiance : J'ai remarqué que l'une des raisons pour lesquelles beaucoup ne font pas confiance aux autres est le manque d'esprit d'équipe et cela affecte beaucoup de gens aujourd'hui dans notre société. La confiance s'est développée dans l'esprit d'équipe, il est dit que rapprochez-vous de moi et je m'approcherai de vous, c'est l'esprit d'équipe. La confiance se construit également dans des relations étroites, non loin de relations, plus vous êtes proche dans le travail, plus vous développez la confiance en l'autre personne qui travaille avec vous.

- Augmentation de l'écoute et de la flexibilité : l'esprit d'équipe encourage et aide à la capacité d'écoute de tout le monde parce que vous voulez toujours écouter l'autre personne et entendre son opinion. Cela aide donc à être un bon leader en tant qu'auditeur, lorsque vous écoutez attentivement, vous devenez flexible, ce qui favorise la croissance et la réalisation de nouvelles idées. Il élimine la rigidité et permet un flux facile de processus et de fonctions avec des variétés, ici aussi vous voyez des changements.

Nous avons vu environ huit points et je sais que vous en aurez, vous pouvez les ajouter. L'esprit d'équipe est une grande règle lorsqu'il s'agit de leadership comme dans d'autres domaines. Voyons comment un leader donne à l'équipe les moyens d'exploiter davantage, supposons que chaque leader est voué à être formidable, tout comme l'équipe. Un leader responsabilise l'équipe par ;

- Tâche personnelle : C'est le travail confié à un individu dans l'équipe et il s'agit de construire l'individu sur des éléments créatifs et productifs qui seront transférés à l'équipe en général. Le peut être fait devant l'équipe, le public ou la congrégation.
- Fixer des objectifs : Un objectif est quand et comment une mission sera accomplie. Le leader et l'équipe doivent être capables de définir des objectifs, des principes qui les amèneront à l'accomplissement de la mission, une mission juste à expliquer est comment arriver à une vision et réaliser l'accomplissement.
- Tâche de remue-méninges : cette tâche est ce qui encourage la collaboration, en travaillant les uns avec les autres. Dans cette tâche, la main de tout le monde est sur le bureau, y compris le chef.
- Tâche de survie en groupe : cette tâche teste et améliore les compétences que les membres de l'équipe peuvent appliquer à leur tâche quotidienne. Le leader crée ici une situation et divise l'équipe en groupes, fournit au moins des objets numérotés et leur demande d'utiliser les objets disponibles pour leur survie en tant que groupe et à la fin, le leader obtient un groupe gagnant.

Nous avons vu avec ces points ci-dessus comment un leader responsabilise une équipe et vous verrez que cela crée une atmosphère de communication, de rétroaction, de créativité, de motivation, de positivité, d'authenticité, d'amitié, d'apprentissage, de bon exemple, de travail acharné, de formation, de connexion et été un modèle pour les autres.

RÈGLE CINQ

LE LEADERSHIP EST FONDÉ SUR LE MÉRITE

Aujourd'hui, dans notre société, le leadership a été considéré comme allant du père au fils et de là aux enfants et ainsi de suite, il est basé sur la famille et non sur le mérite. Le problème est que de nombreux dirigeants ont transformé l'organisation en une affaire familiale ou personnelle et cela affecte donc tous ceux qui travaillent avec eux et le but de l'organisation est détruit. Le leadership n'est pas axé sur la famille mais est basé sur le mérite, vous ne placez pas quelqu'un qui n'est pas qualifié dans un poste simplement parce qu'il est un membre de la famille, mais vous placez les gens dans un poste basé sur le mérite. Je dis à beaucoup de dirigeants d'arrêter d'avoir ce que j'appelle mon propre œil ou ma propre raison, mais ils devraient avoir ce que j'appelle les yeux ou le raisonnement de tout le monde, des visions merveilleuses ont été détruites à cause de ce genre d'attitude de famille et si quelqu'un dans la famille mérite d'être dans une position haute ou basse,

La plupart du temps, les membres de la famille qui sont nommés peuvent n'avoir aucune expérience ou compréhension de ce qu'ils doivent faire là-bas, ils deviennent donc un gros problème pour l'organisation et provoquent régulièrement des échecs. En vertu de cette règle, nous allons voir certaines des erreurs que les dirigeants commettent lorsqu'ils nomment des personnes en fonction de la famille ou des relations non fondées sur le mérite, la durabilité et la capacité d'un leader se voient dans l'équipe, les mentorés, les successeurs que le leader a et a eu un impact.

Je fonde la qualité de chaque leader et son leadership en regardant les personnes derrière qui il/elle dirige [mentorés, équipe, successeurs et ainsi de suite], chaque fois qu'un leader n'est plus ou hors de position, vous saurez l'effet de son leadership à travers les personnes qu'il dirige et ce qui a été prévu pour le prochain leader. Voyons maintenant les erreurs ;

- Héritable : C'est l'un des principaux domaines qui ont affecté le leadership depuis l'origine, car beaucoup pensent que le leadership revient à hériter des propriétés d'un parent décédé. Le leadership n'est pas basé sur l'héritage ou la famille comme je l'ai dit, ce n'est pas un droit de naissance. Cela a en fait détruit beaucoup d'organisation, cela apporte méfiance et colère et aboutit finalement à un manque de main-d'œuvre. De nombreuses personnes de votre équipe sont qualifiées pour cette personne, mais vous décidez de donner le poste à un membre de votre famille qui n'est jamais qualifié. Les positions héréditaires finissent par apporter un désastre à l'entreprise ou à l'organisation.

- Tradition : C'est aussi un autre domaine qui détruit de nombreuses organisations aujourd'hui et qui sont toujours déterminés à suivre le même processus. La tradition signifie ici établir un ensemble de règles selon votre propre point de vue ou croyance et refuser aux autres d'avoir leur mot à dire dans l'analyse et la suppression des règles qui pourraient affecter la croissance de l'organisation. Un bon leader doit être capable d'établir des règles susceptibles de changer au fil du temps, chaque organisation connaîtra des changements au fur et à mesure de la croissance et le leadership de toute organisation doit être flexible et non rigide. Au fur et à mesure que l'organisation grandit chaque jour, de nouvelles idées sont également inévitables pour le bon fonctionnement de l'organisation et pour qu'elles réussissent. La constitution de chaque organisation doit être susceptible d'amendement.

- Peur de l'échec ou de la perte : les dirigeants qui ont toujours peur de l'échec ou de perdre dans leurs efforts n'atteindront jamais une plus grande hauteur, l'échec est un pas vers le succès car lorsque vous échouez, vous êtes tenu d'apprendre dirigez, vous ouvrez une meilleure porte pour votre génération lorsque vous êtes parti et les mêmes personnes seront là pour se tenir avec votre famille, cela les fera aussi se tenir avec vous dans les moments difficiles et aussi vous faire confiance.

RÈGLE HUIT

LE LEADERSHIP EST STRESSANT ET EXIGEANT SUR LE PLAN ÉMOTIONNEL

Vous êtes surpris que cette règle contredise d'une manière ou d'une autre l'autre règle, mais la vérité est que le leadership est stressant et exigeant émotionnellement. Nous avons cette drôle de mentalité que tout va être doux et beurre mais c'est faux et peut détruire votre leadership. Il est bon de connaître à la fois le bien et le mal, c'est ce qui équilibre tout ce que vous faites en tant qu'êtres humains et vous pouvez réussir lorsque vous comprenez les deux côtés, le bien et le mal. J'ai écrit un livre intitulé "Gérer les défis de la vie et la crise" et j'ai dit qu'avant une crise, il y a toujours un drapeau rouge ou un signal mais le problème est que soit nous l'ignorons, soit nous l'ignorons, j'ai aussi dit que nous devons être préparé dans la vie pour le bien et le mal et quand cela sera fait, il sera très difficile pour la crise de vous maîtriser.

Chaque leader doit être préparé au stress et aux défis émotionnels qui sont les responsabilités supplémentaires, la demande de l'organisation, les préoccupations de l'équipe et aussi pour créer un bon environnement de travail et productif. C'est le manque de préparation qui fait qu'un leader souffre et a des performances négatives.

Il existe des moyens de gérer le stress et les défis émotionnels, que je mentionne également dans mon site de podcast intitulé « Making Impact with Daniel Patrick » et également dans mon livre « Handling Life Challenges and Crisis » et ils le sont ;

- Soyez prêt : pour que vous puissiez marcher facilement en tant que leader prêt à avoir un impact, vous devez être prêt et

RÈGLE SEPT

LE LEADERSHIP, C'EST CROIRE EN LES GENS QUE VOUS DIRIGE

Croire en les gens que vous dirigez est l'une des règles du leadership et cela aide à construire tout le monde et à favoriser la croissance et la réalisation des objectifs. Cela ne veut pas dire que c'est l'absence de preuves tangibles ou raisonnables, de nombreux dirigeants ou personnes l'ont manquée dans ce domaine et ils pensent que croire en les personnes que vous dirigez n'appelle pas de preuves tangibles. Vous devez les tester et les prouver, pas seulement leur donner des opportunités, de même vous ne devez pas être sentimental en faisant cela, laissez les personnes que vous dirigez être impactées par votre leadership.

Voyons trois points pour expliquer davantage cette règle selon laquelle le leadership, c'est croire en les gens que vous dirigez ;

- Crédulité : Le mot crédulité est la volonté de croire quelqu'un ou quelque chose en l'absence de preuve raisonnable. Maintenant, croire en une personne n'est pas mauvais, mais en l'absence de preuves raisonnables, cela pourrait conduire à des résultats négatifs ou à un leadership. La preuve est l'acte de montrer ou de montrer une preuve de ce que vous faites ou dites, un exemple est que si l'un des membres de l'équipe soulève une idée, on lui demande de la prouver en lui donnant les processus et si c'est testé et éprouvé correctement, il devient une idée de travail.

Je sais que je penserai que ce que je voulais dire, c'était simplement de faire confiance à une personne sans tester et prouver la personne, aujourd'hui nous voyons ce qu'on appelle la confiance aveugle qui est aussi bonne mais avec prudence. C'est une façon d'accepter et de se rapprocher de quelqu'un avant de tester ses capacités ou ses idées, cela n'appelle pas au jugement mais à l'observation.

- Communication et information : Grâce à une bonne communication et à une information appropriée, le leader parvient à croire les personnes qu'il dirige. La communication est un excellent outil qui aide toute organisation à aller de l'avant, l'information aide à construire toute organisation. La communication ouvre le cœur d'une personne même si la personne n'est pas véridique, bien qu'avec le temps, la vérité sur tout fasse surface, mais ce que j'essaie de dire ici, c'est que la communication ouvre le cœur d'une personne et que l'information construit et façonne une personne.

- Les erreurs sont des leçons : Les erreurs sont bonnes pour la croissance de toute organisation et aussi pour un bon leadership. Lorsque vous faites des erreurs en tant que personne, vous êtes obligé d'apprendre d'elles et d'obtenir de meilleurs résultats et seuls ceux qui ne sont pas prêts pour le changement voient leurs erreurs comme un échec, mais quiconque est prêt pour le changement voit son erreur comme un tremplin vers une meilleure réalisation. J'ai découvert au cours de mes années de conseil et de mentorat en leadership que de nombreux dirigeants n'ont pas construit une communauté autour d'eux-mêmes, ils ont toujours peur de faire des erreurs et, ce faisant, de commettre des erreurs et de ne jamais s'en sortir.

En tant que leader qui veut réussir et avoir un grand impact, oui, vous devez prendre votre leadership au sérieux, mais aussi croire aux personnes que vous dirigez, pas aux membres de votre famille ou à vos relations, mais je dis aux personnes que vous dirigez. J'aimerai dire par expérience que lorsque vous croyez en les gens que vous de vos erreurs et de faire un pas plus important pour réussir . Une leçon que j'ai apprise d'un homme appelé Daniel dans le passé des écritures était un homme qui n'avait pas peur d'échouer ou de perdre sa position mais pouvait se retirer pour les autres, de nombreux dirigeants refusent aujourd'hui de suivre ce pas et ils veulent toujours y mourir dans cette position, quand il y en a d'autres qui sont dynamiques avec de grandes idées pour faire avancer l'organisation ou la société. Daniel a été honoré même lorsqu'il n'était plus en leadership, il a gagné son respect même à travers cela. Aujourd'hui, la paternité divine a détruit beaucoup de choses et vous voyez des luttes de pouvoir dans ce genre de leadership.

Ce qu'il faut, ce sont des mentors ou des pères qui vous conseillent et vous apprennent à être vous-même, afin que vous puissiez parfaitement exposer le don qui est en vous. Un bon mentor se tient là pour vous guider lorsque vous vous trompez pour ne pas vous imposer de lois à faire.

Nous avons vu avec ces quelques points que le leadership n'est pas basé sur la famille, le favoritisme, mais sur le mérite.

RÈGLE SIX

LE LEADERSHIP N'EST PAS UNE COMPARAISON

Le mot comparaison est un mot qui doit être expliqué et bien compris pour une bonne compréhension, car nous pouvons tous avoir une perception différente du mot comparaison. Alors, quel est le mot comparaison?

La comparaison est une considération ou une estimation des similitudes ou des dissemblances entre deux personnes. La comparaison peut également être considérée comme une façon de juger entre deux personnes ou d'essayer de faire en sorte que quelqu'un ressemble ou ressemble à une autre personne. Voyons le mot « être comme » pour exposer cette règle particulière. Chaque fois que le leadership est basé sur le fait de vouloir que quelqu'un soit comme quelqu'un d'autre et non lui-même, il s'agit d'un mauvais leadership. Influencer quelqu'un pour qu'il ressemble à quelqu'un d'autre et à lui-même est un tueur à la croissance dans toute organisation. Regardez l'exemple de l'empreinte digitale, tout le monde a une identité différente de l'autre et quand vous voyez chacun une empreinte digitale, ils sont tous différents même dans le cas des parents et de leurs enfants.

Imposer des principes personnels aux autres est une mauvaise façon de diriger, un mentor ne guide que mais n'impose jamais de principes ou d'idées personnelles à qui que ce soit. La comparaison apporte la haine et vous fait paraître inférieur aux autres parce que la notion de vous n'êtes pas capable est toujours là et, ce faisant, vos capacités inhérentes sont détruites et vous finissez par devenir un échec. Un bon leadership donne l'opportunité à chacun d'exercer et d'élargir ses capacités et ses connaissances pour le succès de l'organisation, la comparaison est un grand ennemi de la croissance. N'oubliez pas que les styles de leadership sont constants et universels, mais que la capacité à diriger varie parce que chaque personne que vous voyez en tant que leader a une capacité unique en elle.

Voyons quelques résultats négatifs que la comparaison apporte ;

- Envie : Si vous voulez échouer rapidement et devenir un échec à votre rythme, pratiquez la comparaison, vous aiderez ceux que vous dirigez à commencer à s'envier et à tout détruire. L'envie est un tueur.

- Jalousie: La jalousie et l'envie sont deux frères très proches mais avec une mission différente de détruire. La jalousie est un sentiment de colère ou de déplaisir qui résulte de la trahison ou de l'envie envers quelqu'un pour un avantage perçu, et l'envie est la haine ou le ressentiment ainsi qu'un désir négatif de quelque chose possédé par une autre personne. Ne donnez pas de place aux deux si vous voulez réussir dans votre vie et votre organisation.

- Insécurité : La comparaison entraîne une insécurité parmi les gens, ce qui leur fait perdre leur paix, leur intérêt et l'esprit de travailler s'éteint rapidement.

- Manque de confiance en soi : lorsque les gens sont motivés et non comparés, ils prennent confiance en eux, mais lorsqu'ils sont comparés, ils commencent à manquer de confiance en eux et cela est dangereux pour toute croissance, l'infériorité devient la norme sur ce lieu de travail.

- Empêcher l'apprentissage : L'apprentissage et la croissance peuvent être empêchés par la comparaison. Cela entrave l'apprentissage parce que tout le monde voudra atteindre la norme à laquelle ils ont été comparés pour ne pas être qui ils sont et utiliser leurs idées pour apporter des changements à cet endroit.

- Détruit la dignité : la dignité signifie simplement avoir été respectée, par exemple s'il y a une erreur dans la performance et que cela ne se transforme pas en un événement émotionnel consistant à attaquer ou à essayer de saper un adversaire, alors la personne a de la dignité. Mais c'est le contraire qui est la catastrophe, il est bon d'avoir un bon leadership et d'éviter la comparaison.

- Se concentrer sur les qualités des autres : Au lieu de se concentrer sur la construction de soi et être utile aux membres de votre équipe, vous finissez par vous concentrer sur les autres parce que vous avez été comparé et finissez par faire des gaffes. Se concentrer sur les autres plutôt que construire peut vous rendre inférieur à vous-même et vous faire ne jamais croire en vous-même.

Ces quelques points sont révélateurs pour tout le monde que la comparaison est dangereuse et mortelle.

A propos de l'auteur

Daniel Patrick est un conférencier international motivateur/inspirant, auteur, mentor en leadership, coach relationnel/mariage, éducateur, consultant pour les entreprises et le gouvernement. Il a beaucoup voyagé, abordant ainsi des questions critiques affectant toute la gamme du développement social et spirituel humain.

Le thème central de son message porte sur la découverte et la maximisation des potentiels chez les individus, ce qui inclut également la transformation des vies en produisant des leaders efficaces et significatifs dans tous les domaines de la vie.

Daniel Patrick est fondateur et président de IN HIS PRESENCE MINISTRY [IHPM], une organisation multidimensionnelle basée dans l'État du delta d'Asaba, au Nigeria.

Daniel Patrick a changé des vies dans le monde entier et continue de changer des vies avec ses précieux enseignements du royaume biblique qui inspirent, motivent, défient, réforment, transforment, impactent et permettent aux gens de découvrir leur objectif personnel, de développer de vrais potentiels et de reconnaître avec un impact sur leurs capacités de leadership. les aidant ainsi à vivre une vie de distinction et de pouvoir.

Son attrait et son message transcendent l'âge, la race, la culture, la croyance et le contexte économique. Il est également PDG de MAKING IMPACT INTERNATIONAL et également d'un site de podcast appelé MAKING IMPACT: A Podcast from Daniel Patrick

Daniel Patrick est ambassadeur de la paix au sein de la Fédération pour la paix de l'univers, qui est un organisme des Nations Unies. Daniel Patrick est un leader au cœur sensible et à la vision internationale. Contactez-le sur :inhispresenceministries8@gmail.com.

- Le mariage redéfini
- La relation compte
- Le mode de vie du royaume
- Solution à la confusion sur l'identité de genre et les rôles
- Et bien d'autres seront bientôt disponibles, encore une fois tous les livres ont été traduits dans différentes langues – espagnol, portugais, français, hébreu, italien et bien d'autres.

Alimentez votre ascension en lisant tous les livres de Daniel Patrick.

Avez-vous déjà remarqué ou pris le temps de bien réfléchir que les personnes les plus réussies, les plus réfléchies et les plus percutantes que vous ayez jamais rencontrées ou dont vous avez entendu parler ont une pratique ? Ils lisent tout ce sur quoi ils peuvent mettre la main.

La lecture est l'une des habitudes des personnes qui réussissent dans tous les domaines de la vie. Pour alimenter votre ascension, voici les livres de l'auteur, qui sont acceptés internationalement et lus par beaucoup, vous savez que je veux que vous réussissiez dans tous les domaines de votre vie et que vous marquiez l'histoire. C'est ce qui m'apportera de la joie quand je verrai ou entendrai parler de votre ascension vers le succès et la grandeur. Une liste de certains des livres de l'auteur sont;

- Le plan original pour le mariage
- La leçon que j'ai apprise de l'aîné
- À la découverte de votre personnalité perdue
- La vérité commune que mon professeur ne m'a jamais apprise
- Le comment : découvrir votre destin
- Faire de l'impact
- Jeunesse extraordinaire
- Rencontres, amour et sexe
- Divorcer pourquoi ?
- Un leadership confié
- Gérer les défis de la vie et les crises
- Objectif repensé

Quelle est la prochaine étape de votre aventure héroïque

La lecture de ce livre jusqu'à la fin est le début de votre propre voyage vers la grandeur et l'impact en tant que leader. En tant que leader, vous pouvez maintenant commencer à mettre en pratique les règles mentionnées dans ce livre et cela vous aidera à libérer vos potentiels de leadership.

Daniel Patrick a différentes plateformes et l'une d'entre elles est la station de podcast MAKING IMPACT: A Podcast de Daniel Patrick et d'autres plateformes comme Facebook, Instagram, Twitter et le reste. Vous pouvez y retrouver la plupart de mes enseignements ainsi que la chaîne Youtube du même nom que la station de podcast (MAKING IMPACT). Vous pouvez me contacter à cette adresse et obtenir toutes mes plateformes de réseaux sociaux et e-mail :https://lintr.ee/Danpat16.

donne dans ce livre est testé et prouvé par moi et d'autres grands leaders.

Nous sommes arrivés à la fin de ce livre et je tiens à nous rappeler que le leadership est très important dans tous les domaines de la vie, vous êtes un leader où que vous soyez et ce livre n'est pas destiné uniquement aux directeurs, directeurs, surveillants généraux de ministères, fonctionnaires, mais il s'adresse à tout le monde. Pour nous rappeler encore les règles, il y en a ;

- Prendre la responsabilité.
- Piloté par la vision.
- Les dirigeants apprennent.
- Le leadership, c'est l'esprit d'équipe.
- Le leadership est basé sur le mérite.
- Le leadership n'est pas une comparaison.
- Le leadership, c'est croire aux gens que vous dirigez.
- Le leadership est stressant et exigeant émotionnellement.
- Le leadership est ce que vous donnez.
- Le leadership est un sens du timing et du rythme.

de reculer pendant un certain temps pour que quelqu'un d'autre prenne le relais, mais si vous voulez progresser, il est obligatoire de le faire et cela aide également votre leadership à être fort. Je demande toujours aux dirigeants qui refusent généralement de donner un meilleur coup de main la chance d'aider leur leadership, quels sont les résultats tangibles que nous devons examiner dans votre leadership. Les gens diront toujours mais les choses avancent bien, mais si vous lisez attentivement ce livre, vous comprendrez ce que j'entends par résultats tangibles. Lorsqu'il n'y a pas d'impact durable, c'est juste pour un temps et on ne peut pas dire qu'il s'agit d'un résultat tangible. Quel que soit l'endroit où vous êtes en tant que leader, s'il vous plaît apprenez ceci afin d'aider votre leadership, car le leadership sans fruits est tout simplement un échec. La croissance dans mon propre mandat ne se mesure pas par les chiffres et les revenus mais par l'impact durable qu'elle a. Ma propre théorie de la croissance est l'impact, c'est-à-dire des nombres qui se perpétuent et se multiplient, un simple graphique pour montrer ce que je voulais dire ;

1 + 1 ----------nombre.

1 + 1 ------- Productif

1 = 1 1 = 1-------Croissance

1 = 1 = 1 = 1 = 1 = 1 = 1 = 1 = 1 = 1 = 1 ---Impact

En tant que bon leader, vous devez suivre votre cible et être un exemple pour les gens, vous montrez l'exemple en étant là pour le faire avant eux et avec eux et pendant qu'ils le font, vous faites également partie d'eux, en les encourageant et en les guidant. Chaque fois qu'il y a un endroit sur lequel vous êtes trop clair, permettez à n'importe quel membre de votre équipe qui le connaît mieux ou qui a une meilleure idée d'intervenir pendant que vous reculez pour regarder, apprendre et vous améliorer. Posez toujours des questions sur ce que vous ne savez pas et demandez-leur des réponses. Je sais que beaucoup trouveront cela difficile, mais tout ce que je vous

RÈGLE DIX

LE LEADERSHIP EST UN SENS DU TEMPS ET DU RYTHME

Lorsque vous avez suivi les neuf règles mentionnées dans ce livre pour réussir en tant que leader, vous arrivez à cette dernière règle qui est que le leadership est un sens du timing et du rythme, alors quelle est la signification du leadership comme sens du timing et du rythme. Cela signifie simplement qu'en tant que leader, vous devez comprendre qu'en leadership, vous devez être capable de sentir intuitivement quand il y a une opportunité de croissance ou d'exploitation et être capable de diriger votre personnel avec des objectifs et des exemples.

Les leaders qui veulent réussir doivent sentir intuitivement quand il y a une opportunité et quelle pourrait être cette opportunité, cela pourrait être de nouvelles idées, des demandes pour une production ou un talent particulier, le genre de défis auxquels ils sont toujours confrontés et qui ont toujours besoin d'une solution. Savez-vous qu'il y a des défis qui pourraient survenir régulièrement et qui nécessitent une solution, si vous regardez attentivement, vous remarquerez que c'est une opportunité pour vous d'avoir un impact et c'est toujours un avantage même si beaucoup ne le verront pas. Encore une fois, il devrait y avoir une cible et des exemples pour plus de clarté et de meilleures performances.

Tout leader qui souhaite une organisation productive et prospère et qui ne sait pas quoi faire lorsqu'une opportunité se présente à sa porte, devrait se retirer discrètement pour que les autres prennent le relais et aient un impact. Vous savez qu'il sera difficile pour un leader parler, apprenez à garder pour vous-même certains choses et que le résultat soit le témoignage de ce que tu aurais dit. Parfois, lorsque vous promettez beaucoup et que vous ne voyez pas les circonstances imprévues qui pourraient entraver cette chose, vous devenez un menteur et les gens commenceront à avoir du mal à vous faire confiance.

- Évitez les commérages et les discussions non pertinentes : en tant que leader, vous devriez éviter et éviter les commérages, même avec d'autres dirigeants, car les mots peuvent construire ou détruire, être un agent de changement dans la vie d'une personne si vous découvrez que la personne est mauvaise ou fait toujours quelque chose de négatif.

- Soyez reconnaissant : apprenez à apprécier tout le monde en tant que leader, soyez également doué pour dire s'il vous plaît et merci en tant que leader, souriez toujours, écoutez davantage, aidez votre peuple si vous êtes en mesure de le faire et je vous dis la vérité, ils vous honoreront .

- Soyez authentique : en tant que leader, soyez réel envers vous-même et les autres, ne soyez pas un leader bilatéral, ne soyez pas un bavard mais soyez totalement réel, n'imitez pas ou ne vous cachez pas sous la coquille de quelque chose, ne le faites pas vantez-vous, mais soyez simplement vous-même et soyez réel et beaucoup vous feront confiance.

Il y a tellement de points que nous pouvons continuer à mentionner, mais je pense qu'avec ces quelques points, nous avons quelque chose à quoi nous raccrocher. Votre valeur détermine votre leadership.

préparé à faire face à tout stress et défis émotionnels. La préparation vous aide à savoir quoi faire et quoi ne pas faire.

- Ajustement : Le problème avec nous, les humains, c'est que nous sommes si rigides que lorsque nous faisons face à des défis, nous avons du mal à changer ou à nous ajuster. En tant que leader, vous devez être flexible et non désorganisé.

- Apprendre : si vous voulez gérer ou être capable de surmonter le stress et les défis émotionnels, vous devez être un bon apprenant. Vous avez ce principe que j'ai et c'est apprendre, désapprendre et réapprendre, tout bon leadership exige un apprentissage.

- Plan : Nous sommes si bons à manger notre avenir dans le présent, nous ne construisons pas du tout de réserve mais nous mangeons tout et lorsque la tâche devient stressante, elle nous balaie du sol. Donc, construisez toujours des réserves, des ressources et des idées, etc., afin que, le moment venu, vous puissiez y revenir et être capable de les surmonter.

Le leadership est en fait stressant et exigeant émotionnellement, je sais que la plupart des dirigeants ne voudront pas entendre cela, mais c'est la vérité et cela nous aide à surmonter et à avoir un grand impact. Certains grands leaders vous parlent de leurs échecs passés, de leurs ruptures émotionnelles, de leurs problèmes familiaux, de leur divorce, de leur stress, de leurs problèmes financiers, mais une chose que vous verrez en eux est la capacité d'être concentré et déterminé.

REGLE NEUF
LE LEADERSHIP EST CE QUE VOUS DONNEZ

Qu'est-ce que cela signifie que le leadership est ce que vous donnez? C'est simplement la valeur que vous valez, c'est ce que vous pouvez donner aux autres, cela signifie aussi que ce que vous avez en vous est ce que vous donnez. Le genre de valeur que vous accordez à vous-même et au travail dans toute organisation est en fait ce que vous donnez aux gens. S'imposer ici ne signifie pas devenir un seigneur, mais être assidu à son travail et savoir ce que l'on vaut. Les gens qui ne savent pas ce qu'ils valent sont toujours confus dans la vie et ils se mettent à tout gâcher, sachant ce que vous valez, connaissant votre but dans la vie et le suivant jusqu'à la fin. Un leader qui boit aura des idées qui correspondent à la consommation d'alcool, un leader responsable donnera des idées responsables.

Comment donner de la valeur à vous-même et à votre travail en tant que leader et réussir, voyons quelques points à ce sujet et voyons comment cela peut transformer le leadership.

- Soyez positif : en tant que leader, vous devez toujours être positif et non négatif, à la fois dans votre attitude, votre discours, votre travail et votre réflexion. La positivité attire les choses positives et donc quand vous êtes négatif, vous attirez indirectement les choses négatives.
- Moins de promesses mais beaucoup de livraison : en tant que leader, ne promettez pas trop aux gens et ne livrez pas ce que vous avez promis, mais apprenez à promettre moins ou à parler moins et à livrer plus, je dirai être un faiseur que de